UNE THÉORIE MORALE

WISSEMBOURG

« Messieurs ! Saluez le courage malheureux. »

Prince Royal de Prusse, 4 Août 1870.

PAR

P.-A. VELING

Capitaine au 17ᵉ Bataillon de Chasseurs à pied.

RAMBERVILLERS
Imprimerie et Librairie, Valentin RISSER

1892

WISSEMBOURG

AVANT-PROPOS

Depuis 1870 notre peuple très intelligent, mais aussi très mobile n'a cessé de manifester, jusqu'à une époque qui n'est pas encore très éloignée de nous, une sorte de fétichisme pour nos vainqueurs et en même temps une espèce de doute sur la valeur de nos jeunes troupes [1].

Puis sont arrivés des événements, dont le souvenir n'est pas effacé et enfin la mesure des passeports a achevé de tremper l'opinion

[1] Vaincus dans un grand nombre de combats, ils ne se comparent même plus aux Germains sous le rapport du courage. (J. César. Guerre des Gaules. Livre VI, par. 24.)

publique.

« Serions-nous dégénérés au point d'avoir
« à nous incliner toujours devant les insultes
« de nos ennemis héréditaires? »

Voilà ce que tous se demandaient.

On a réfléchi, on a feuilleté l'histoire de France, on a retourné dans tous les sens l'œuvre assez peu véridique du grand-état-major allemand. Enfin on a constaté que nos troupes avaient succombé parce qu'elles étaient non pas moins courageuses, mais moins nombreuses que leurs adversaires.

Or, parmi les glorieuses pages de cette fatale campagne de 1870, il en est une surtout qui peut nous réconforter pour l'avenir : c'est la page du 4 Août 1870.

Que les jeunes Français, que les jeunes soldats se pénétrent des sentiments héroïques qui animaient les vaincus de Wissembourg et ils feront de grandes choses. Ils imiteront

leurs mâles vertus, ils inscriront sur nos dra-
peaux des triomphes qui effaceront les victoi-
res des Allemands ; ils rendront à notre chère
patrié le rang qu'elle n'aurait jamais dù
perdre.

P. A. Veling, (de Wissembourg)

Capitaine de Chasseurs à pied.

WISSEMBOURG

La petite ville de Wissembourg a été le théâtre de bien des combats. Avec l'entaillement de l'ancienne frontière elle était, en quelque sorte, prédestinée à voir se livrer de sanglantes batailles sous ses murs ; d'abord parce que le pays qui l'environnait était très riche, ensuite à cause de sa position même.

Située au pied des Vosges, à la tête d'un défilé qui séparait la France de l'Allemagne, elle était en effet un théâtre indiqué pour les premières opérations.

Pendant la guerre de Trente Ans, elle fut sans cesse prise et reprise par les parties belligérantes et réduite à un état si misérable qu'elle ne comptait plus que 140 habitants, au traité de Westphalie (1648). — Le traité de Munster ne changea rien à la constitution politique de Wissembourg [1], si ce n'est que le roi de France fut substitué aux droits de l'Empereur.

Au commencement de l'année 1677, pendant la guerre de Louis XIV avec l'Empire, elle fut prise par le corps de partisans commandé par Labrosse. La ville et les églises furent livrées au pillage ; soixante-dix maisons, l'Hôtel-de Ville et les archives devinrent la proie des flammes.

Pendant la guerre de la *Succession d'Espagne*, elle fut prise par les Impériaux (1705) et reprise peu après par le maréchal de Villars. Ce fut alors que ce dernier fit construire les *lignes de Wissembourg* devenues si célèbres depuis.

[1] Qui était ville impériale, ville libre.

La guerre de la *Succession d'Autriche* amena de nouveau les Autrichiens qui prirent deux fois la ville en 1744 ; mais ils durent l'abandonner après y avoir été taillés en pièces par le maréchal de Coigny et par le général bavarois von Seckendorf [1].

De 1709 à 1725, Wissembourg fut le séjour du roi de Pologne Stanislas Leczinski.

Les lignes de Wissembourg devinrent de nouveau le théâtre de sanglants combats pendant les guerres de la Révolution.

Elles furent forcées par les Autrichiens, le 12 octobre 1793, et les troupes républicaines durent se retirer jusqu'à Schiltigheim. Seule la ville de Landau restait entre nos mains.

Le 22 décembre le général Hoche, débouchant des Vosges avec 3 divisions de l'armée

---

(1) Cette époque s'est conservée dans la tradition, sous le nom de *Pandurenlærm*. On prétend que les Pandours ont tous été massacrés dans cette affaire, à l'exception de leur chef, qui était parvenu à s'échapper en se cachant dans un tonneau.

de la Moselle accable le général autrichien Hotze à Woerth et à Froeschwiller. Quatre jours plus tard, il bat, près de Wissembourg, (au Geisberg) les Autrichiens et les émigrés réunis aux troupes prussiennes du duc de Brunswick.

BATAILLE de WISSEMBOURG

(26 Décembre 1793.)

Ce fut le lendemain du combat de Froeschwiller que Hoche reçut sa nomination de général en chef des deux armées réunies du Rhin et de la Moselle. Deux jours après il donna l'ordre d'attaquer, sur toute la ligne, l'ennemi qui se disposait lui-même à prendre une offensive générale.

35,000 hommes furent réunis au centre, vis-à-vis de Wissembourg et de la position du Geisberg, tandis que trois divisions de l'armée de la Moselle menacèrent la droite des alliés par les gorges des Vosges et que deux divisions se portèrent sur leur gauche vers Lauterbourg.

Au moment où l'armée destinée à l'attaque de Wissembourg allait commencer son mouvement, les commissaires conventionnels recevaient la nouvelle de la prise de Toulon. Ils s'empressèrent donc de faire connaître cet événement aux troupes.

« Puisque nos camarades ont été à Toulon, « s'écrièrent les soldats, nous saurons bien « aller jusqu'à Landau. »

L'armée se mit en marche en poussant des cris de joie et d'espérance. Trois bataillons autrichiens occupaient le poste du Geisberg, auprès duquel était campé le centre de leur armée.

Hoche fit attaquer le château par quelques bataillons qui s'en emparèrent après une assez vive résistance et après avoir essuyé la charge des dragons de Toscane.

L'attaque devint bientôt générale, et les Autrichiens retranchés dans le camp du Geisberg, situé sur les hauteurs en arrière du château, se disposèrent à recevoir les Français avec vigueur. Les approches du camp étaient défendues par des abatis et des fossés palissadés au-dessus desquels on avait élevé des batteries formidables.

Hoche fit marcher ses troupes au pas de charge, à travers le feu le plus meurtrier. Les obstacles furent bientôt surmontés, les retranchements abordés et forcés.

Les Autrichiens étonnés de la marche audacieuse et rapide de leurs ennemis n'opposèrent plus qu'une faible résistance. Ils cherchèrent à prendre une position en arrière, mais, le désordre s'étant introduit dans leurs rangs, leur rtraite ne fut bientôt plus qu'une déroute. Ils abandonnèrent leurs canons et leurs équipages.

Lorsque l'armée française se mit en marche pour attaquer le Geisberg, on voulut d'abord faire une distribution de vivres aux troupes : « Nous n'en voulons avoir, que rendus à Landau ! » s'écrièrent ces braves gens.

Un boulet de canon emporte quinze files de l'un des rangs d'un bataillon qui marchait pour la première fois au feu. « Serrons les rangs ! » disent unanimement ces jeunes soldats et ils continuent de s'avancer en ordre.

Un hussard (3e régiment) s'empara d'une pièce de canon en sabrant le canonnier qui allait y mettre le feu et en faisant fuir les autres.

Dans la même journée, une compagnie d'artillerie légère se forma en carré pour recevoir une charge de la cavalerie ennemie, en plaçant ses pièces au milieu. A portée de pistolet, les pièces furent démasquées et pendantqu'elles tiraient, ceux des canonniers qui ne les servaient point chargèrent eux-mêmes les cavaliers et les mirent en déroute.

La reprise des lignes de Wissembourg ré-

pandit dans toute la France un enthousiasme
aussi grand que l'alarme causée auparavant
par les progrès des alliés en Alsace. . . .

WISSEMBOURG

(4 Août 1870.)

PRÉLIMINAIRES.

Au début de la guerre de 1870 les troupes allemandes se divisaient en trois armées, plus une armée de réserve et une armée de réserve générale; mais ces deux dernières n'entrèrent pas de suite en ligne.

La 1re et la 2me armée devaient menacer la Lorraine; la 3e placée aux ordres du Prince Royal de Prusse devait opérer en Alsace.

Cette IIIe armée qui formait donc l'aile gauche se composait : du 5e corps prussien, du 11e corps, du 1er et du 2e corps bavarois et d'un corps mixte badois et wurtembergeois.

Elle se concentrait entre la Queich et la Lauter et comprenait :

128 bataillons (à 1000 hommes)

102 escadrons

80 batteries (480 pièces)

7 compagnies de pionniers

Le maréchal de Mac-Mahon était chargé de couvrir l'Alsace avec le 1er corps d'armée.

Il disposait des troupes suivantes :

4 divisions d'infanterie (1re, Gal Ducrot. — 2e Gal Abel Douay [1]. — 3e, Gal Raoult [2]. — 4e, Gal de Lartigue.)

1 division de cavalerie (Gal Duhesme)

1 réserve d'artillerie (Cel de Vassart [3].)

Cela représentait un total de :

4 bataillons de chasseurs

---

(1) Tué le 4 Août.
(2) Tué le 6 Août.
(3) Blessé mortellement le 6 août.

45 bataillons (car le 87ᵉ de ligne avait été laissé à Strasbourg).

28 escadrons

20 batteries (96 canons, 24 mitrailleuses)

5 compagnies et 1/2 de génie,

soit un effectif de :

42,327 hommes, avec lesquels le maréchal de Mac-Mahon devait tenir tête aux **150,000** du Prince Royal.

Le 1ᵉʳ corps français se concentrait sur Froeschwiller.

Le 3 Août le maréchal se décida à envoyer sa 2ᵉ division à Wissembourg tant pour tranquilliser les populations émues par les continuelles incursions des cavaliers et même des fantassins ennemis, que pour nous conserver les magasins et surtout l'importante manutention de cette ville.

La division Douay atteignit les hauteurs au sud de Wissembourg le 3 Août vers 7 heures 1/4 du soir. *(Schafbusch)*.

Elle se composait des brigades :

Pelletier de Montmarie :

16ᵉ bataillon de chasseurs,
50ᵉ régiment de ligne,
74ᵉ   id.   id.

Pellé :

78ᵉ régiment de ligne,
1ᵉʳ   id.   de tirailleurs algériens.

de 2 batteries d'artillerie (de 4),

de 1 batterie de mitrailleuses,

de 1 compagnie du génie et de la brigade de

cavalerie **de Septeuil :**

3ᵉ hussards,

11ᵉ chasseurs.

Mais le 16ᵉ bataillon de chasseurs et le 2ᵉ bataillon du 50ᵉ de ligne étaient détachés à Seltz (sur le Rhin), *à 24 kilomètres au Sud-est de Wissembourg.* De plus le 78ᵉ de ligne étant parti, le 4 Aout, dès le jour, pour rele-

ver le 96ᵉ de ligne au col du Pigeonnier *(à 6
kilomètres de là,)* la division Douay ne pouvait disposer, en cas d'attaque, que de **neuf
bataillons**, d'un effectif variant entre 400 et
600 hommes. Les quatre bataillons de turcos
avaient toutefois beaucoup plus d'hommes
que ceux des 50ᵉ et 74ᵉ de ligne.

COMBAT DE WISSEMBOURG

(4 Août 1870)

La ville de Wissembourg était déclassée comme place forte depuis 1867. Néanmoins au moment de la guerre de 1870, ses fortifications étaient encore intactes. Elles comprenaient un mur crénelé avec tourelles de flanquement, un rempart d'un très fort profil par endroits et un fossé large et profond susceptible d'être inondé sur tout son pourtour.

Les *lignes*, chaîne de retranchements s'étendant jusqu'à Lauterbourg et flanqués de distance en distance par des redoutes, étaient encore en assez bon état de conservation, surtout dans la portée comprise entre Wissembourg et l'ancien fort de St-Remy, bien que l'on n'y eut pas fait le moindre travail de restauration ni même d'entretien.

La Lauter, qui formait en quelque sorte le fossé des *lignes*, était assez profonde et assez rapide pour constituer un obstacle sérieux.

Du côté de l'Est se trouvent les vastes bâtiments de la gare, susceptibles d'une bonne défense. En arrière de Wissembourg, (au sud-est s'élève un contrefort des Vosges qui se termine par une hauteur appelée le Geisberg (montagne des chèvres), dont le point culminant est marqué par 3 peupliers. De là on domine tout le terrain s'étendant au nord, à l'est et même au sud. Quand le temps est clair, un observateur placé à cet endroit découvre un magnifique et vaste paysage borné au nord par les clochers de Spire, les fortifications de Rastadt, à l'Est par la Forêt-Noire et particulièrement par les environs de la ville de Bade, au Sud par la cathédrale de Strasbourg. Enfin on voit à sa gauche la route de Wissembourg à Bitche et devant soi la vallée de la Lauter avec ses mille sinuosités. Au delà de la rivière, à gauche, on aperçoit une petite croupe masquant le village bavarois de Schweigen et enfin, presque en face du Geisberg, le Windhof.

Le maréchal de Mac-Mahon cédant aux prières de l'intendance qui disait ne pouvoir se passer des vastes magasins et de l'importante manutention de Wissembourg et désireux, en même temps, de garder efficacement la frontière, fit réoccuper la ville et ses environs par la division Abel Douay, qui arriva sur les hauteurs du Geisberg le 3 Août vers 7 heures 1/2 du soir.

Il avait fait une chaleur accablante pendant la journée ; à la nuit la pluie se mit à tomber averse.

Les troupes s'installent tant bien que mal sur le plateau du Geisberg (ou mieux du Schafbusch). Le 2e bataillon du 74e de ligne (commandant Liaud) entre à Wissembourg, pour garder la ville, et place deux compagnies de garde derrière les murs, la 6e à la porte de Bitche, la 1re à la porte de Landau.

La cavalerie va camper près du village de Rott.

Conformément aux ordres donnés la veille par le général Douay, le 4 Août, vers 5 heures du matin, un détachement part en reconnaissance. C'était deux escadrons (1er et 3e) du 11e chasseurs, suivis par le 2e bataillon du 1er tirailleurs et une section d'artillerie.

Les cavaliers descendent à Wissembourg, contournent la ville, sans y entrer, longent les lignes et la Lauter et passent à 400 mètres tout au plus, des avant-postes allemands qui restent soigneusement cachés. Après avoir traversé le village d'Altenstadt et longé la forêt du Bienwald (lisière ouest) ils rentrent au camp vers 7 heures et 1/2 et rendent compte qu'ils n'ont rien vu.

Vers 8 heures moins 1/4, une patrouille de chevaux-légers passant près de la porte de Landau est saluée à coups de fusil par les sentinelles placées de ce côté. Laissant quelques hommes sur le carreau, elle rebrousse chemin précipitamment sur Schweigen et aussitôt une batterie [1] bavaroise établie sur le chemin qui mène de ce village au château de St-Paul ouvre un feu violent sur la ville.

En même temps d'innombrables tirailleurs ennemis apparaissent dans les vignes au nord de l'enceinte. Le bataillon du 74e qui a vivement pris les armes et garni les remparts les arrête par un feu meurtrier, auquel succède

(1) C'est le capitaine d'artillerie bavarois Bauer qui revendique l'honneur d'avoir tiré le premier coup de canon dans cette campagne.

un instant de calme absolu. Les Bavarois se reforment et reprennent leur marche en avant. La batterie de Schweigen et 2 autres placées à sa gauche appuient leur mouvement : mais une nouvelle décharge du 74ᵉ les oblige à reculer.

De nombreux incendies éclatent en ville.

Les Bavarois, certains de ne pouvoir gagner de terrain de ce côté-là, ne bougent plus et attendent l'entrée en ligne des corps d'armée prussiens.

Au moment où le premier coup de canon était parti, le plus grand désordre régnait dans le camp du Schafbusch. Quantité de corvées étaient allées en ville pour chercher des provisions ; les tentes étaient encore dressées et les feux des cuisines flambaient.

En attendant l'arrivée du général de division qui logeait à Steinseltz, le général Pellé prend le commandement et envoie le 1ᵉʳ tirailleurs et une batterie de 4 soutenir la garnison de Wissembourg.

Les turcos accourent au pas de course en poussant leur strident *you-you*. Les 3 premiers bataillons occupent les lignes, le 4ᵉ qui est descendu par la *Steinbachhohl*, prend une position d'attente vers la porte d'eau du faubourg de Bitche.

Les 6 pièces du capitaine Didïer se mettent d'abord en batterie à droite de la gare, mais au bout d'un instant elles sont obligées de rétrograder.

Vers 9 heures un lieutenant de chasseurs bavarois, avec une centaine d'hommes, essaie de surprendre l'avancée de la porte de Bitche mais il a compté sans la profondeur du fossé, qui est très vaseux. Il disparaît avec eux dans les roseaux. (On retrouva leurs cadavres trois mois plus tard). Le 3ᵉ bataillon de tirailleurs algériens qui s'était avancé jusque vers la porte de Landau, furieux des pertes que lui

infligent les batteries de Schweigen, se porte
en avant, mais il ne peut dépasser le poteau
frontière (1). L'ennemi, dix fois supérieur en
nombre (D^{on} Bothmer) l'arrête par un feu
meurtrier.

Pendant ce temps la brigade Pelletier de
Montmarie garnit les hauteurs du Schafbusch
et du Geisberg pour s'opposer aux 5e et 11^e
corps prussiens dont les têtes de colonne
débouchent vers 10 heures moins 1/4 d'Altenstadt et de la forêt du Bienwald.

Le général Douay, pour mieux se rendre
compte de la situation et surtout des forces
de l'ennemi, se porte alors en avant afin de
voir clair. Arrivé dans une petite dépression
qui est orientée vers Altenstadt, il s'arrête
pour observer et au même instant il est mortellement atteint à l'aine par un éclat d'obus.

Sur ces entrefaites le 1er bataillon du 50^e

(1) A environ 1 kilomètre de Wissembourg.

se déploie le long du talus du chemin de fer, le 3e bataillon du même régiment forme crochet défensif, face à Wissembourg.

Le 3e bataillon du 74e se porte en avant pour soutenir l'artillerie ; celle-ci contrebat d'un côté les pièces de Schweigen et de l'autre (avec les mitrailleuses) celles du 11e corps qui débouchent du Bienwald.

Mais les rangs des Allemands se grossissent toujours, malgrès les pertes très sérieuses que leur infligent les chassepots et les mitrailleuses.

Vers midi le général Pellé, qui ne sait pas la mort du général Douay, se voyant débordé de tous les côtés, ordonne la retraite. Les Allemands pénètrent aussitôt dans la gare évacuée par les turcos, ils massacrent tous les blessés qui leur tombent sous les mains, assassinent le chef de gare [1], mutilent son

(1) M. Schott.

fils, tuent une femme et ses deux enfants [1], pillent à fond le buffet. (Le soir du 4 Août, M. Faivre propriétaire du buffet, n'avait plus rien. On lui avait tout pris, même les effets de ses petits enfants.)

Le lieutenant Vuillemin, du 1er tirailleurs, blessé d'une balle qui lui a fracassé la cuisse est étendu dans une chambre de l'auberge de la gare (Reinschmidt). Les Bavarois le trouvent en fouillant la maison ; ils commencent par le dévaliser, puis ils le jettent en bas du lit, le traînent par sa jambe blessée, le lardent à coups de baïonnette et se préparent à le fusiller quand ils en sont empêchés par un médecin militaire allemand.

Plusieurs turcos blessés recueillis chez les mêmes personnes sont hachés en morceaux par ces misérables.

---

[1] On n'a jamais pu établir les responsabilités. Sont-ce les Bavarois ou les Prussiens qui ont commis cette lâcheté ? Impossible de répondre.

Le capitaine Tourangin qui est blessé d'un coup de feu à la poitrine et d'un autre à la jambe, agonise à deux pas plus loin. Les Bavarois arrivent et l'achèvent à coups de baïonnette.

Le lieutenant Grandmont, très grièvement blessé, tombe également entre les mains de ces sauvages qui déchargent leurs armes sur lui. Il meurt un mois plus tard malgré tous les soins de la famille qui l'avait recueilli.

Ce sont là des faits à retenir. On devrait les apprendre à tous les enfants dans nos écoles.

Après la retraite du 1er tirailleurs, le bataillon du 74e placé dans Wissembourg continue à tenir tête avec la plus grande énergie aux Allemands. Ceux-ci amènent du canon et démolissent la porte de Landau, par laquelle ils pénètrent ensuite ; en même temps, un Allemand habitant la ville, baisse le pont-levis de la porte de Haguenau. Le commandant du bataillon est blessé depuis un moment. Cerné de toutes parts, le bataillon est obligé de se rendre. Les bataillons du 50e épuisent leurs munitions sans pouvoir ralentir la marche des Allemands qui s'avancent toujours en masses innombrables. Puis lorsque les dernières cartouches sont brûlées, le 50e se replie lentement, comme à la parade, et est relevé par le 1er bataillon du 74e (Ct Cecille). Mais le flot allemand monte toujours et le 74e à son tour recule lentement jusque vers la ferme du Geisberg.

Cette ferme, un ancien château, est une réunion de bâtiments avec cour intérieure carrée. A l'est se trouve un potager terminé par une terrasse qui domine le terrain en avant. A l'ouest est une cour de ferme avec quelques bâtiments le long du mur. En avant du front nord s'étend une houblonnière. Deux portes d'accès s'ouvrent l'une au nord-est, dans la cour de la ferme, l'autre au sud-est sur le potager.

En arrivant à hauteur du Geisberg, le commandant Cecille, **n'ayant pas reçu d'ordres,** et se voyant entouré de tous côtés par les Allemands, fit entrer son bataillon dans la ferme dont les portes furent solidement barricadées. La défense fut rapidement organisée. Les Allemands qui avançaient toujours, furent assaillis par une grêle de balles que leur envoyaient les fantassins installés dans les bâtiments depuis la cave jusqu'au faîte.

Le 7e régiment de grenadiers du Roi, qui se trouvait en tête, perdit en un clin d'œil 7 officiers.

La défense continua jusqu'au moment où les Allemands amenèrent de l'artillerie et où les munitions firent défaut. Le 1er bataillon n'avait plus d'autre ressource que de capituler ou d'essayer de passer à la baïonnette. Ce dernier moyen seul pouvait convenir à nos braves troupes et à leur digne chef [1].

Donc, on ouvre la grande porte (nord-est), on se lance à la baïonnette, tous les officiers en tête, mais impossible de traverser les rangs serrés des Prussiens. Le commandant est blessé très grièvement, quelques hommes réussissent à s'échapper, les autres ,au nombre de 250 environ, sont refoulés dans la ferme.

Là ils attendent l'arme au pied que les Prussiens viennent les désarmer.

Par sa défense héroïque, ce bataillon qui ne comptait pas 400 hommes, avait arrêté l'armée allemande et permis au reste de la division de se dégager.

[1] Un de ses camarades disait un jour à l'auteur de ces lignes : « J'ai conservé un impérissable souvenir du brave commandant Cecille. Aussi modeste que bon militaire, il est un modèle à suivre. Il doit descendre des vieux Cecille de Limbourg qui avaient pour devise : *Un seul cœur, une seul voie : celle de l'honneur et du devoir.* »

Comme on a vu plus haut, la division Douay se montait à environ 5,500 hommes, 12 canons de 4 et 6 mitrailleuses.

La 3e armée allemande avait mis en ligne, pour le combat, 70,155 hommes, 12,033 cavaliers (ce qui ne l'empêcha pas de perdre le contact immédiatement après le combat) et 144 bouches à feu. Le soir du même jour, elle disposait de **70,000** autres hommes.

Pour enlever le seul Geisberg, les Allemands ont mis en ligne : **55 compagnies** et **33** pièces.

De nos jours, quand un écrivain militaire français se permet de relever des erreurs dans l'*Evangile du grand état-major allemand*, ou de ne pas admirer les conceptions tactiques qui ont présidé à tel ou tel mouvement absolument faux exécuté par nos adversaires, tout le monde lui donne tort. Or il n'est pas difficile, dans le cas présent, de prouver que les Allemands ont employé **55** compagnies d'infanterie et **33** pièces pour enlever le Geisberg défendu par **400** Français.

Voici de la droite à la gauche, contre quelles troupes ces **400** braves gens eurent à lutter :

	compagnies
1re compagnie du 5e bataillon de chasseurs bavarois	1
10e et 11e compagnies du 58e régiment	2
Le bataillon de fusiliers et le 1er bataillon du 59e régiment	8
7e régiment de grenadiers du Roi . .	12
10e compagnie du 47e régiment. . .	1
4e — du 5e bataillon de chasseurs bavarois	1
9e et 12e compagnies du 58e régiment .	2
Le bataillon de fusiliers du 58e régim .	4
1er bataillon du 80e régiment . . .	4
1er — 87e — . . .	4
2e — 80e — . . .	4
2e — 87e — . . .	4

3e bataillon du 80e régiment   4

11e — de chasseurs 4

Total . 55 c^{ies}

En mettant ces dernières à 200 hommes seulement, on voit que les Prussiens avaient amené sur ce point là, au moment décisif : 11,000 hommes, soutenus d'abord par 3 pièces de la batterie Haupt, puis, un instant plus tard, par 18 pièces de l'artillerie du 5e corps et enfin par 12 autres pièces du même corps d'armée, au total 33.

A **28** contre **1** l'héroïsme est chose facile. Voici quelques brèves considérations sur l'affaire de Wissembourg.

L'infanterie prussienne a marché très bravement, mais **dans le plus grand désordre** à l'assaut du Geisberg. Cela lui a coûté de grosses pertes.

Elle n'a pas fait préparer son attaque par l'artillerie ; bien mieux, elle n'a pu continuer à avancer que lorsque le **général en chef, en personne**, lui eut amené quelques pièces.

En méconnaissant le grand principe d'après lequel on ne doit attaquer des lieux habités tant soit peu importants qu'après une préparation suffisante par l'artillerie, le commandement prussien s'est attiré des pertes doubles ou peut-être triples.

De son côté l'artillerie, qui avait une certaine indépendance, n'a pas compris son rôle. Elle est intervenue *au moment décisif*, avec plus de pièces qu'il ne lui en fallait ; mais il était trop tard.

Quant à la cavalerie allemande, elle ne fit rien ce jour là, puisqu'elle perdit le contact aussitôt après le combat. Elle ne le reprit, un instant, que le lendemain soir.

En résumé le combat de Wissembourg est

un fait des plus glorieux pour les armes françaises.

5,500 Français ont tenu tête de 8 heures du matin à 3 heures de l'après-midi à 75,000 Allemands et leur ont mis hors de combat 1,600 hommes.

Ce sont là des faits qui se passent de commentaires.

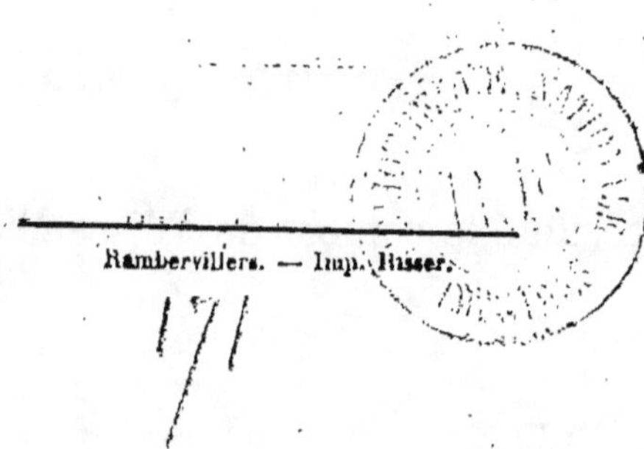

Rambervillers. — Imp. Hisser.

BIBLIOTHEQUE NATIONALE DE FRANCE
3 7531 04447974 0